AF280461

Peter Handstein
Eine gefiederte Unruhe

Druck:
Georg Lingenbrink GmbH & Co
Norderstedt
Oktober 2000

ISBN 3-8311-0356-9
© Peter Handstein

Peter Handstein

Eine gefiederte

Unruhe

Eine gefiederte Unruhe

Fliegt

Seid Verführer
meines Kürzels

fangt mir jenes
fangt mir dieses

und fliegt
meine Schützlinge
fliegt

Blau

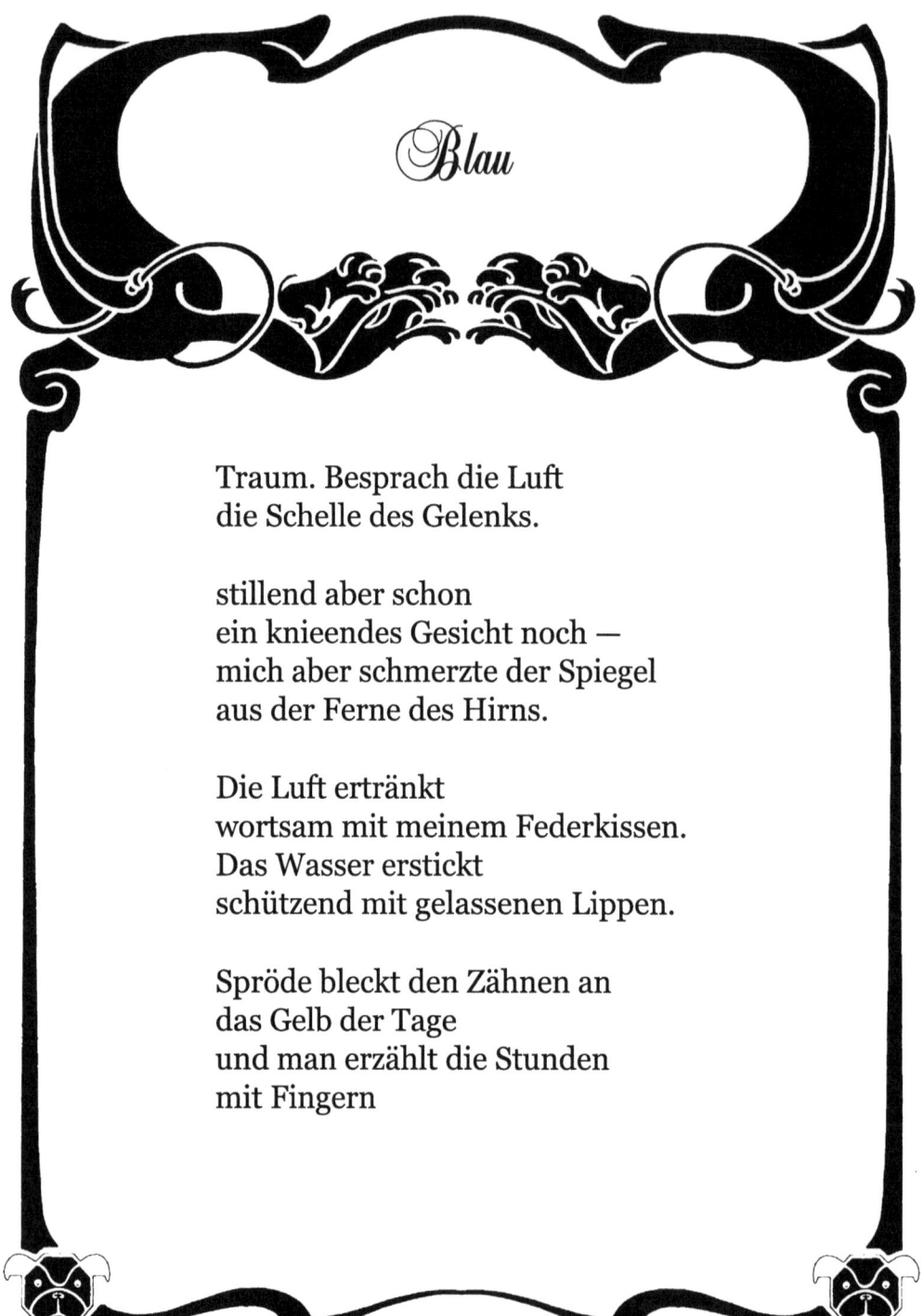

Traum. Besprach die Luft
die Schelle des Gelenks.

stillend aber schon
ein knieendes Gesicht noch —
mich aber schmerzte der Spiegel
aus der Ferne des Hirns.

Die Luft ertränkt
wortsam mit meinem Federkissen.
Das Wasser erstickt
schützend mit gelassenen Lippen.

Spröde bleckt den Zähnen an
das Gelb der Tage
und man erzählt die Stunden
mit Fingern

Geruch im Lavendel:
Klopfen an der Gischt

an den Brandmauern
die Scheinwerferkegel entblitzen

Der Mann an der Mauer
dem Schritt
die Seerosen windend

Libellenflügel
ohne Laut
unter dem Schilf!

Namen ohne Bezeichnung

Treibendes Meer geharnischt mir vertraut
heiter fallendes leer trink ich ertaubt
und verlier den schwindenden Ton dem Tanz.

Sandzapfen
brechen das Neonlicht,

gegenüber,
brütet in Gerblache aus Glück und Ruin,
der Augenblick seine Nachkommen,

bewegt —
das Katzenauge blinzelt
ihm zu.

Sandzapfen,
brechen das Neonlicht,

Achselzuckend erscheint
entwässerten Fluchs
Helikons rote Taube

schwarz und schwer

ich knirsche —

Zahnreihen zermahlend
die Wirklichkeit

Manchmal glaubte ich mein Vergessen —
früh morgens etwa,
wenn auf den Bahnhofsbänken
Allraunen die Stadttauben wärmen.

Manchmal glaubte ich mein Verträumen,
unaufhörlich etwa.

Manchmal glaubte ich mein Gedächtnis,
wenn etwa sich's am Dorn
der Mandragoren im Herbst
schmerzend entriß.

— die stieg in siegstolzen Frost
zitternd der vereisten Lippen
hinter der barfüßigen Zunge
an der schnittroten Kehle des Kalenders
beim Geschmack einer Uhr

— die brennt mit dem Fenris
heulend unter meinen Worten

— die mit blanken roten Nägeln
auf den Messingreif zeigt
den die Hüften halten
vor dem eisernen Hutkessel
der die Münzen fängt.

Der Drehorgelmann auf dem Brotbaum
der Novemberstraße neben dem Wasserton
des schmalen Nebels vor den Salinen
wo man aus der Gegenwart einbricht.

Die Kämme die durch den Weizen fahren
jeden Winter greift der Schnee vom Haar
blutend in den Asphalt

in der Walpurgisnacht
die Eisblumen
und reißen die Schwärze vom Leib.

Der Weizen trennt die Pflastersteine
der knarrenden Treppe ins Obergeschoß

Geräusche

Gesichte treiben im Flur
funkelnd mißt ihr Flug

mein Gesicht

nachts mißbraucht ein Ton
mir aufgeformt die Zeit.

Flimmerluft umengt die wachen Ränder
Stundengruft es blieb getilgt Dein Rufen
eingemengt dem Atem roter Asche.

In schwindelweiten Kreis drehend den Ton
in säulenbreites Schwören, schwemm' mich mit
an einem totgesagten Strang von Licht.

Die kalten Gläser
Schweißperlen an ihnen,
die Gefäße zu Ende bleiben
über und über ungefüllt.

Die gemahlenen Metaphysiken im Schweif
der fehlgeborenen Meteoriten
die ein Handgelenk aus sich schüttet
knöchern und sterbend
der unter Hitze aus einem Traum
unberührt verstummende Ton.

Gesicht

In niemandes Namen
erhebt sich dein Wort —
weiße Lilien
vernehmen noch deine Erstarrung
dein Satz aus dem Nichts
mein Auge genau —
weißer Regen
Niemandsnamen
verschleppt wird dein Wort
in die andere Zeit —

In niemandes Namen
in konzentrischen Buchstaben
ein äußerstes Blau

Worte verschleppt
auf eine andere Zeit
für niemandes Namen
als Satz

Am Mauerstumpf verhalten
in die Flucht der Wörter

Die Eisblumenschrift
des Monolith des Gedächtnis
mißzwang des Gedanken

Der Lichtbogen rief
und hieß
die Mandelblüte sterben

In seiner Hand
in spiralischen Kreisen
die fingergeschichteten Luftdunkel

Über dem Tischgrat
aus Iridium
brennen Zeichen
farblos in das Papier

Zu Drucktypen
entsteigt schwarz sich rändernd
Schwefelgeruch

 Wort

ist Wort
Wort ist

sind gedichte

wörter
romane

Über dem Mosaik des Knochens
ein Echo der Zungen

deine Sprache —
Am Wegrand kommen

Namenlos zugeachtet
Die fahlen Glasabsplitter
einer Hand

Zeilen transzendenten Betruges,
"Was mir zufällt, nehm ich" in der Hand
mit grobgemaschtem Sieb,
Drahtnetz aus Heuchelei.

Suggestiver Blickfang,
eingeschworene Bewegung,
wo ich keuche, hinter Rauchsäulen,
Setzgift und Buchstaben.

Wo sie fehlt,
fällt das Wort.

Auge an Auge,
zwischen Fingergeröll,
Federkiele, längst überrannt,
Türme, längst gestürzt,
unter Gläsern und Okularen.

Mit den Ohren im Spiegel,
ein Jahrzehnt lang.

Adoleszenz der Sätze,
effektiv, das des Randes,
Buchzeilen dazwischen
unten am Fuße mit den Würfeln.

Lippenbewegung,
über die Ligaturen des Lichts
streifend.

Nimm es — es
wo sich sammelt
im süffigen Reim.

Nimm Schatten

für das Wort selbst
Schatten sind variabel.

Als wäre ich nie fort gewesen

Als wäre ich nie fort gewesen,
Von Tagen Nächte aufgelesen,
Von Nächten Morgende angesogen,
Hände, Hirn zu Licht gezogen.

Als wären kristallene Spiegel,
Wo ich bin, kahl und kalt und glatt,
Worin ich blickte: halber Tiegel
Dareingeschmolzen: porig und matt.

Als hätten schleierfeine Nebel
Gesenkt sich über dem Gesicht,
Als säße ich noch immer lügend da,
Als wäre zwischen Gräsern das Gesicht.

Als wäre bloßes Schweben darin,
Unendbares Farbengebinde,
Silhouettenklang, die Schatten gelinde,
Als fehlte den Wörtern ihr Sinn.

In den Händen
beunruhigt der Blick
der Name die Zeit

Wohin mit dem Zögern —

Hieltest du je
fremd dem
keine Sekunde mehr
und du irrtest

atmend hinaus

Mann, alt und geil mit schaumigem Lippenblau

Solvent mit
morbidem Flimmern
führst du den Rhotazismus
als Waffe

Unnahbarkeit — Geschwätz
entfestigt
in den Interstitien
deiner Morpheme.

Schriftrolle
von klarem Acryl

schon der übersäte
wimmernde Handschlag
entlädt den Schriftbogen

Geburt

Regen steigt —

bleich stillen Lippen
das niedergebrachte Ohr —

aus den Tiefen sog es
sich endlich sprechend vor

Aufbruch

Ein Bündel Rosen —
durch das Laub streicht die Luft,
die Zeit ist verstrichen und die Striche am Kalender
der Tau in den Netzen der Spinnen.

(7 Photographien)

An der Brüstung
tanzt das Auge
in Zerklüftung

Reste spült
ein Hauch einer Zigarette
Blatt für Blatt

Geschärft am Sims
vom Dachgiebel perlt
die Klammer des Winters

(7 Photographien)

Ein leisester Blick

schleift die Baumkronen aus
eines Nachts
Verrät—er
mit entlegter Gewalt

Ankunft

Du mit den Schatten
komm und erzähle
Geschichten aus alter Zeit

berauschen will ich an ihnen
das hölzerne Schnarren
meiner Uhr

belassen will sie
an ihr
die rostende Aufzugsfeder

und erzählen will
— ein Schatten
verblättert mir die Zeit

Flammt noch
das alte Licht
die Stufen hinauf
und ich trinke
mich heim — sicher

dem Tod der nicht hält

Bald schon sagt
sich Glanz los
farblos der Stille —
ich setzte den letzten
den Takt
körperlos vor's Fenster

Unbewegt

Abgeschritten die Fahrt zählend
mit dem Heuwagen
in die Köpfe fielen

Keine Dachböden und Pfählungen
Gedecke und Proben werden gezählt

An Fahrdrähten und Fenstersprüngen
sind alle Muster gefroren

Thema

Das Klagen von Glocken zieht zu dir her,
was wuchten die Klöppel die Töne schwer;
was drängt da herüber, scheint und zerbricht —

('Was rufet und rät, fleht oder flicht:
was fiel da zu Grabe, zur Grube hinab?')

wer griff hier zu und stahl, was er gab —

Trauren umwinden dich eng, fast zu fest;
Tränen umranden dich, wenn du sie läßt —

ein Ring rascher Blüten, dein Finger ihn trägt,
als Zeichen des Daseins zu dem es dich schlägt —
wann wirst du es erfahren, wie es erahnen;
die Blüten versuchen, an Rückkehr mahnen;
wo jähe Gewißheit den Blick unterbricht —

was streift diesen Kerker der Odem des Windes dicht —
ein wehender Gran des Globus: er folgt die hinab —
er türmt die Erde — er flieht aus dem Grab.

Schreittanz der Seepferdchen

ein Nesselmonolith
ein Kehlchengezänk —
ein Übergreifen

eine hagere Uhrspindel
kehllos schnürt die Luft

Einzelheit

ein tränentrockner Schatten
ein lichtlastiges Blinzeln
ein abendhastendes Flackern

ein nicht mehr
ein noch nicht
ein immer noch

ein Felsgewinde
ein Pulvergefächel
ein Moränenluftzug

Neben der Schiefertafel
verstümmelte Kreide

eingekerbte Federkiele
eingerammt
als mahnende Obelisken

ein boshaftes Schnabelwetzen
am Sediment

Im Sandstein
rollt des Raben
letzte Flut.

Berührt von pränatalen Augen;
Fleckfieber in ihnen.

Ich habe das des Raben gesehen
lichtgebeizt, wortverschmiert,
verwittert die Klauen.

Am Lidrand
balancieren Gesichte
mit dem Lidschlag —

Es bleibt ein kahler Spalt
zwischen Pulsschlag und Blick.

Eine Waldspinne rafft den Torso
eines Insektes fort.

Von den Bögen der Brücken
eine Lachmuskelbewegung —

Sekret tropft aus dem Rachen —
erkannt zwischen brennenden Kiefern.

"An die Freude"

Zäh liegt die sich weitende
Zeit welche sich breitend
den entfärbten Kuppeln zieht

Bedrohend hörst du sich verzahnen
entwiesen die Lichtbögenbahnen
sickert die Asche unbemerkt ab

Die finsteren Fenster zu mir
gequält steigt der Winterrauch auf
seine Asche flüsternd mir ab.

 Zwölf

In das Relief getrocknet

die zum Lachen
tödlich gespannte Haut schleift
über den ausgewaschenen Küchentisch
und fällt vertraut ins Schloß

Begegnung

Freundlich hält
am Treppenabsatz
auf und bald

zieht in geifervollen Kiefern
deren Schatten in Netzen
mir lacht.

Den du aus ans Land rollst
reden die Wellen zurück
und der Wind schärft
dir schweigend ein

Den du aus ins Land hörst
setzt mit der Brandung zurück
und wächst splitternd ein

Den du aus ans Land weist
zu Schollen des Bewußtseins,
verschweigt mit bösem Blick dir ab
unter ins erregte Moor.

Beharrlichkeit

Dem Paraffin blieb
die Beharrlichkeit.

Die gewärtige Flamme
die Zunge getränkt
einer verhaltenen Sekunde
veruntreuter Sprache.

Pastellfarbenes Licht,
die Schrift verwischt,
die zerbrochen liegt.

Photographie

Mit äußerstem Gesicht
unter Schleiern
Grau
an der Anhöhe des Firstes

Mit äußersten Schleiern
Anhöhe des Gesichts

Am äußersten
unter Schleiern
an der Anhöhe
schlug das Auge an.

Fort nur lauf noch
der nächste Regen schon
regnet dich aus

Nur dein Name
blitzte verstohlen noch
eine Weile durchs Fenster

Lange schon gab das Licht mir verlegt
den Blick im Auge versponnen
auf dem Tisch an dem ich saß
waren längst die Tränen geronnen.

Zögernd und blitzend
quillt die entwirrte Luft
dem Schleier der Säule
sickert Schlaf aus
um die Mundwinkel
des ausschäumenden Blaus.

(7 Photographien)

Schrift

Am Leinentuch
der Schweiß
der erkalteten Hände

Augen waren
— und warfen
die Silhouetten zurück

den zerbrochenen Blättern
am Novemberboden
entlang versprach ich
ihnen auszuweichen

doch während ich seufzte
raschelt
im Schlick

Präfigierung einer Tagesnotiz im Dezember

ein weißer Wolkenhorizont,
klar und gleichmäßig zieht er sich
über die Berggipfel:
Worte rieseln, schichten sich
an Hängen täuschend zusammen;
abschwebend — ein Steinwurf:
und die Massen

rollen zu Tal

Vom Schnee gedrängt:
wirf die Gesichte!

Eines Wortes —
bindet dem Raum
den Rauch verstreicht

läßt
vor dem nackten Fächer
brennt der Farbe letztes Blatt

(7 Photographien)

Schrieb — wassernetzend
die Stirn

Die Ringe
unter einer Sprache
müde gerollt
bald ans Kinn

Als wehe der Schlaf aus
weißschweren Aschenbechern
in die klebrigen Weingläser
meiner geleerten Welt.

Als wäre ein zögernder
Traum eine viertelsekundelang
und eingeschnitten mir
in die Stirn.

Als wäre es nicht
das Flüstern
im Ohr mir folgend
im Treppenhaus drei Etagen hinab.

Mir war — ich tupfte
Lippenstift ab

Von der Wiege zur Wade
ein kürzlicher
Schritt

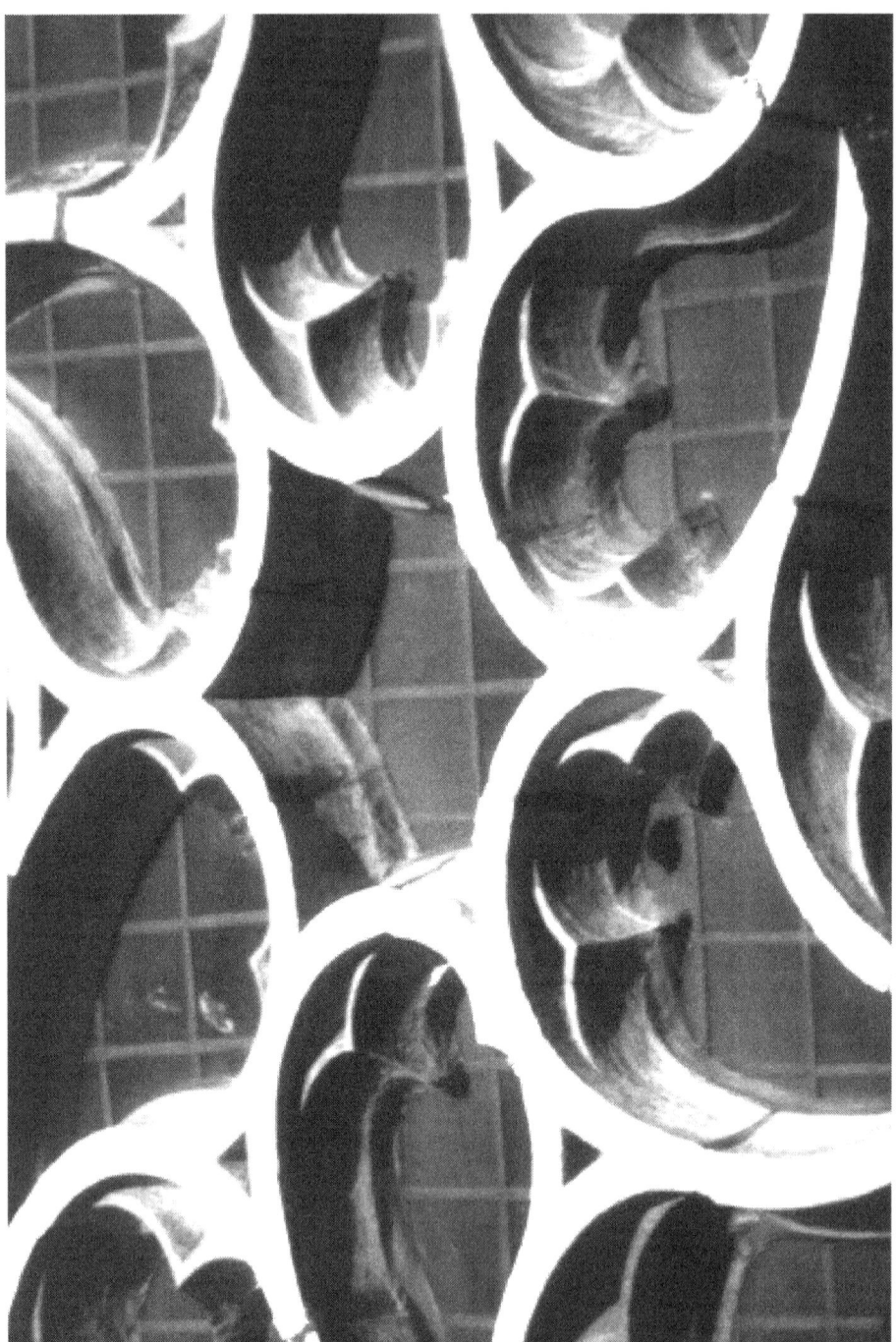

Hoffnung

nicht genug
wirst du erbeuten
das Wort auszurauben
nicht genug!

Reminiszenz

Fundament:

R. Allroggen-Geers, F. Pawlowski, A. Binder

Motivanleihen:

G. Himmelrath, H. Hartmann, C. Wieland,
B. Hummel, W. Widerra, B. Vierke, H. Schmidt,
I. von Egidy, I. Tuin, R. Müller, A. Mast, H. Kruse,
N. Janzen, C. Döll, M. Pientok, D. Hildmann,
T. Marquardt, G. Wittek

Korrektur:

E. Reitz

Gedankenaustausch:

F. Meierlammers

Teile des grafischen Materials:

M. Haase

Konsolidierung:

D. Schwarzrock